Adnane Rais

Voyage à bermuda mais...!

Adnane Rais

Voyage à bermuda mais...!

Éditions Muse

Imprint

Cover image: www.ingimage.com

Publisher:
Éditions Muse
is a trademark of
Dodo Books Indian Ocean Ltd., member of the OmniScriptum S.R.L Publishing group
str. A.Russo 15, of. 61, Chisinau-2068, Republic of Moldova Europe
Printed at: see last page
ISBN: 978-620-3-86530-1

Roman

Voyage à bermuda

mais... !

K ADNANE RAIS

Voyage à bermuda mais...!

K. Adnane Rais

Je voudrais remercier sincèrement tous les gens qui ont dit que j'étais un élève cancre et naïf, tous ceux qui m'ont méprisé et ont dit que je ne pourrais jamais écrire un roman.

-Salut Adnane, ça va? J'espère que tu es bien. Sans parler longtemps, je dois te dire une chose. Les lignes que tu es en train de lire seront mes derniers mots. Tu dois savoir que tu es mon ami préféré.

Tébersse Nowers

D’abord, qui est cette fille ?

C’est Tébersse Nowers, une fille belle comme la lune, sage comme une image et très sympathique. Une excellente fille, ayant le cœur sur la main, ne pense qu’à aider les gens et à faire le bien. Malheureusement, son destin a décidé autrement : elle est perdue dans des circonstances mystérieuses. Il y a ceux qui ont raconté qu'elle a voyagé à Bermuda !

Ici, je crois qu’on doit poser une question très importante :

Qu’est-ce qu’elle faisait là-bas ? C’était une énigme pour moi.

Dans ce cas, j’ai pris une décision ferme de la chercher et puisque je suis un écrivain, je dois écrire une histoire fantastique que je vais nommer : voyage à bermuda.

Chapitre 1

Le 22-5-2007, fut le jour où j'avais décidé de partir en voyage à la recherche de Tébersse, nourri par l'espoir de la retrouver. Un groupe de scientifiques m'avait accompagné. C'était bizarre d'aller tenter l'impossible ! Mais en chemin, on s'aperçut qu'avant sa disparition, ses comportements ont changé horriblement, d'après ce qu'elle m'a dit sa famille, elle est restée seule dans sa chambre et n'est jamais sortie, elle n'avait plus l'envie de parler à personne, même à Laura ! Cette dernière est son amie intime. Sans oublier la lettre qu'elle m'avait laissée. Qu'est-ce qui lui est arrivée ? J'ai l'impression qu'il y a une histoire méfiante derrière tout cela...

« Adnane...Adnane, viens ; le chef veut te parler, maintenant. » Dit-Alexandre

« Oh mon Dieu ! Tu m'as fait peur. La prochaine fois tu dois toquer à la porte Alexandre, d'accord ?»

Je lui ai parlé comme un autoritaire, ensuite, je suis devenu doux comme un agneau et j'ai ajouté:

« Je vais venir dans un instant, ne t'inquiète pas.»

Cinq minutes après, j'étais à son bureau.

Ce n'est pas facile, car lorsque tu entres chez le chef, c'est comme un tonnerre qui explose. Puisqu'il est le capitaine du navire, il est grand comme un titan, rusé comme un renard et méchant comme une vipère avec son ventre proéminent.

Il me demanda : comment as-tu osé... ? Tu dois être isolant.

Mon chef est un aliéné mental, point final(...)

Il m'avait convoqué pour parler d'un sujet trivial, futile, très idiot, il avait vraiment une voix intolérable, si je ne faisais pas semblant d'être très fatigué et que mon désir débridé de dormir, il ne me laisserait jamais partir...

* * *

« Adnane...Adnane... Je suis encore en vie. Je suis là-bas. Aide-moi avant qu'il ne soit trop tard. Vite s'il te plait ! »

« Quel mauvais rêve ! Plutôt, c'est un cauchemar !»

Un rêve vicieux ! Toutefois, je pense qu'Tébersse m'a envoyé un message... Un message chiffré, elle demande mon aide. Alors, je dois accélérer, vous croirez que c'est facile ? C'est un défi.

J'ai envisagé de prendre une résolution de faire ce voyage tout seul, je suis sérieux, je sais que c'est très difficile, cependant, même si le ciel devait s'appliquer à la terre, je vais faire ce voyage.

A ce moment-là, le chef furieux est entré en frappant à ma porte, c'est la première fois qu'il fit cela !

« Adnane, me dit-il, suis-moi, en silence et sans dire un mot.»

Malheureusement, je n'avais pas le temps d'organiser le plan démon voyage. Je voulais toutefois savoir ce qui se passait ce jour-là. C'était la première fois que le chef me parla de cette façon, je sentais que lui et les autres me cachaient un secret. C'était un secret que je ne pouvais prévoir. Quand je suis arrivé au cabinet de l'équipage, les scientifiques étaient surpris de me voir et se regardaient longuement sans rien dire.

L'un d'eux s'approcha de moi et me dit :

« Écoute Adnane, hier, on a trouvé quelque chose qui correspond à ton amie. Nous croyons qu'elle est vraiment à bermuda et qu'elle est encore en vie ! »

C'était une coïncidence de surprendre le chef et les scientifiques. La nouvelle m'avait plongé dans le bonheur. Je les ai répondus :

« Alors, pourquoi avez-vous été surpris de ma visite ? Il me semble que vous me cachiez quelque chose. »

« Il n'y a rien à cacher, mon cher Adnane, assure le scientifique. Si tu comptes voyager à Bermuda, c'est que tu cours un grand risque. C'est l'hiver, maintenant. Entre ici et Bermuda, il y a un très long trajet à parcourir. Et puis, il y a les tempêtes qui rendent impossible tout voyage là-bas. »

Avant qu'il termine sa parole, je me suis évanoui, je me suis revenu à mes nostalgies avec mon amie Tébersse, je me souviens comme si cela datait d'hier, c'était de beaux souvenirs de notre enfance, et à partir de ce moment-là, je ne pouvais rien faire, je voulais seulement mourir !

* * *

« Qu'est-ce que je dois faire maintenant ? Pour moi la vie est finie. »

D’un autre côté, je me suis dit : «Mais non, qu’est ce tu racontes ? Je ne suis pas sûr que tu sois Adnane ! C’est toi qui as dit que tu étais fort, je ne me suis jamais soumis à quelqu’un. Annonces-tu ta reddition comme ça, tout simplement?! »

« Oui... Oui… Mais… »

« Mais quoi, n’oublie pas que c’est toi qui as dit que je suis un héros ! Qu’est-ce que tu attends alors ? Tu dois réaliser ton rêve, le réaliser même si le monde sera contre toi.»

* * *

Donc, je me suis réveillé tôt le matin, vous devez voir mon apparence et mes grimaces, je suis devenu astucieux comme le chef, excusez-moi, je veux dire comme un renard, ce voyage commencera à minuit, même s’il y a un problème, je parle ici d’Avironne, le gardien du navire. En effet, il est fort et violent. En plus que ça, il a un tatouage qui fait peur et vous devez savoir qu’Avironne a tué le meurtrier le plus dangereux du monde entier : Qumran. Celui-ci avait tué 30 millions de personnes en 10 minutes. Bref, ce n’est pas la peine d’entrer dans cette histoire.

A présent, je dois réfléchir à une idée et pourquoi je dois y réfléchir ?! J'ai trouvé une idée ingénieuse et très facile.

Avironne va venir avec moi !

C'est ce que j'ai dit, or, pour le faire, je dois avoir le courage de le rendre moins difficile et le mener vers mon dessein.

Bien sûr, je vais essayer de lui parler paisiblement, un motif qui survint dans ma tête, Avironne a un point faible : il adore tant les trésors ! Il peut faire n'importe quoi pour l'obtenir.

« Salut Avironne...» Lui dis-je avec la crainte d'être surpris par une réaction inattendue. Son visage se crispa et sa voix devint sèche et si inquiétante que je pensai à prendre la fuite.

Je me ressaisis de ma frayeur et m'efforçai de rester calme.

« Inutile de commencer ton histoire ennuyeuse, qu'est-ce que tu veux ? Parle vite ! »

« Je veux que tu viennes avec moi à bermuda... »

« HaHaHa, moi et toi ?! Tu es fou ou quoi ?!»

« Laisse-moi continuer, là-bas, il y a du trésor. »

C’était la première fois que je mentais, mais dans ce cas, je voulais faire l’impossible pour retrouver mon amie.

« Ah bon ! Si cela est vrai, je vais venir avec toi, sans hésiter, mais, espérant que tu dis la vérité. »

Tout à coup, deux autres scientifiques sortirent.

« Nous voulons voyager avec vous. » Disent-ils avec assurance, c’était Marta et Cremo.

Chapitre 2

11 h : 35 min, le silence est partout, l'air froid me trouble, je sens une terrible somnolence, cependant, je ne peux plus, cette nuit sera différente, c'est sûr et certain…

« Viens Adnane, nous allons descendre maintenant. » Déclara-Cremo avec une voix criarde.

Mes pas vers l'équipe étaient lents, la lune apparaît d'un blanc éclatant, il suffit de la regarder pour se réconforter ; parfois, la lune est une source d'inspiration pour nombreuses personnes, notamment, les écrivains.

Certes, je suis ébloui par le charme de ce paysage envoyant la lune s'enfuir dans la mer, là, on va oublier tous les soucis et les chagrins qui détruisent l'être humain !

Avironne a décidé de ramer le petit bateau, mais bien sûr, on va échanger les rôles afin que nous restions tous en forme.

Les heures ne passent plus, c'est très ennuyeux.

Actuellement, je pense que plusieurs heures se sont écoulées depuis le départ du navire, j'ai senti une voix proche, la voix d'une fille qui parle doucement, j'ouvris mes yeux très lentement pour savoir qui était. C'était Marta, franchement ; cette fille est très différente, elle ne connaît jamais la peur. Autrement dit, elle est du genre à aimer les aventures et à relever les défis même si sa fin était la mort ! Elle m'a dit que c'est mon tour pour ramer, je n'ai pu me lever qu'au bout de dix minutes, très fatigué et incapable de bouger ; l'insomnie domine mon corps et la somnolence m'appelle à la rejoindre. Qu'est-ce que je pourrai faire ? Le sommeil peut dérober l'homme en un clin d'œil.

« Oh mon Dieu ! » Hurla Avironne.

Ce gardien vraiment nous turlupina. Sa voix était si forte qu'elle puisse troubler les montagnes.

Il a ajouté : « La nourriture... Nous l'avons oubliée, c'est grave, c'est une catastrophe ! »

Cela m'énerve tant, Pourtant, la nourriture est la seule chose à laquelle je n'ai pas pensé. Qu'est-ce on doit faire maintenant ? C'est possible que nous devenions des cadavres, je ne veux pas qu'on meurt ici, juste penser à la mort est quelque chose qui me fait peur.

Marta, Avironne et Cremo discutent, plutôt, ils se disputent, je les ai entendus parler d'une façon que je ne pouvais rien comprendre comme s'ils dévoraient les lettres.

Ils croient qu'ils vont arriver à une solution qui leur satisfasse...

* * *

Le bateau balance. La couleur du ciel varie du bleu vers le gris. Les oiseaux qui plainaient autour de nous n'existaient plus !

Qu'est-il arrivé tout à coup ?! Même le groupe s'est arrêté de bavarder, en ajoutant que la pluie tombe, quoi ?! Ça veut dire que... Ça veut dire que nous approchons d’une tempête, un autre problème n’a pas été pris en compte.

Nous nous dirigeons au cœur de ce phénomène catastrophique. Les vagues sont aussi fortes qu’elles nous élèvent de bas vers le haut, le vent frappe le bateau de toutes les directions…

Je suis maintenant dans l’eau, je ne vois personne ! Qu’est-ce qui s’est passé ? Où est mon groupe ? J’ai ressenti des maux de tête, je ne pouvais rien voir que l'obscurité.

Chapitre 3

Je me suis réveillé, je me suis retrouvé étendu sur le sable, j'ai senti la douleur dans mon dos. Je ne me rappelle pas bien de ce qui est passé pendant la tempête. Tout ce dont je me souviens, c'est que le bateau a été exposé à une grosse vague. Ce qui s'est passé ensuite, Dieu sait.

Je ne sais pas où je suis, aussitôt, il n'y personne à qui poser mes questions, j'ai égaré mon groupe aussi.

_Avironnnnnne… Marttttta… Cremmmmmmo… Où êtes-vous ?

Je n'ai reçu aucune réponse, il semblerait que je serai le seul dans cette île isolée. Je dois être prudent puisque je ne sais pas ce que cette île cache comme secrets. Je dois faire d'abord un tour pour la découvrir…

Oh ! Cette île est un paradis sur la terre, les fruits et les légumes y sont de toutes sortes et de tous les goûts, ça m'excite énormément.

Silence ! Quelqu'un se déplace entre les branches des arbres comme si il me surveillait depuis mon arrivée, j'ai couru derrière lui une longue distance, mais en vain. Ce qui est bizarre, c'est que les traces de ses pieds ne conviennent pas du tout au pied d'un être humain, même pas à celui d'un animal. C'est qui alors ? Pourquoi me surveille-t-il ? Et à cause de quoi a-t-il fui ?

Il semble que les secrets de cette île soient intéressants et personne n'en sache rien.

Mon corps tremble et mon cœur palpite, j'ai pu apercevoir une grotte de loin. Je m'y dirige vite tout droit sans voir ni à droite ni à gauche, j'ai eu le trac, je me sens que cette personne m'épie comme la minerve…

Dès que j'y suis entré, je ne savais pas ce qui m'était arrivé, j'ai eu un coup sur la tête qui m'a fait tomber au sol sans bouger !

* * *

Les ténèbres envahissent la caverne, sauf une bougie l'éclaire. Il y avait des inscriptions sur les murs qui sont écrites d'une langue incompréhensible. Personne n'est-là, j'ai décidé de m'échapper, je ressens encore la douleur dans ma tête, qu'ai-je fait pour mériter tout cela ?

Du côté obscur, j'ai aperçu l'ombre d'un être vivant, il m’a regardé pendant si longtemps que j'ai pensé que c'était un fétiche.

Je n’ai pas pu deviner sa forme et son type en raison de son endroit sombre, tout ce que j’ai vu, ce sont ses yeux qui ont été rouges comme la pivoine, je n’ai pas eu le droit de bouger de ma place, handicapé suis-je ? Non, j'ai décidé de bouger un peu afin de savoir ce que c'était...

Il a disparu comme si la terre l'avait avalé.

_ Pas besoin de t'épuiser, tu ne peux jamais m’attraper.

Ce son venait de derrière. Moi, je ne pouvais ni parler ni bouger. Bref, je me ressemblais à un légume vivant !

J’ai resté rigide à ma place, cet être vivant a continué de me parler en disant :

« Si vous voulez voir votre équipe, vous devrez m'aider... »

Sans aucun doute, il ment, hé, où connaît-il mon équipe ?

« Nous n'avons pas assez de temps, êtes-vous d’accord ? »

J'ai gardé le silence pendant deux minutes ou plus, je dois d'abord savoir à qui je parle, donc, je lui ai répondu : « T'es qui ? Comment puis-je croire que tu sais où se trouve mon équipe ? »

Il avait émis un rugissement, cela ne présage pas de bien, il a répété sa question : êtes-vous d'accord ?

Je sais qu'il fait tout cela pour que j'accepte sa demande, mais je resterai têtu jusqu'à ce que je sache qui est-il? L'entêtement est le meilleur moyen de découvrir la réponse.

_ Parson... Je m'appelle le chat Parson... Est-ce suffisant pour vous ? Tu peux tourner pour me connaître bien.

Ce chat était assez différent de toutes sortes de chats, il avait les yeux rouges, ses crocs étaient trop acérées qui ne ressemblaient nul part à celles du lion, j'ai remarqué aussi que sa peau penche vers la couleur noire. Je déteste beaucoup cette couleur, je la considère comme une couleur du pessimisme.

« Écoute attentivement ce que je vais vous dire maintenant, dans cette île, tu ne vas jamais trouver personne pour vous aider à trouver tes amis, car je suis tout simplement le seul survivant ici et le seul à savoir ce qu'il y a à l'intérieur. » déclara-t-il.

J'ai resté silencieux, je suis devenu confus sur quoi faire, devrais-je le croire ou devrais-je compter sur moi-même à trouver mon équipe ?

Il a ajouté : « Pour le moment, tu as deux choix, soit accepté mon aide, soit resté fou à la recherche des personnes dont tu ne connais plus leurs places. »

Il a raison de ce qu'il a dit, parfois, dans des situations difficiles, nous ne pouvons pas choisir entre ce que nous aimons et ce que nous détestons. C'est pour cela que j'étais obligé de l'aider, bien sûr, je lui ai demandé comment puis-je le faire ?

D'abord, il m'avait raconté l'histoire de cette île, il m'a dit qu'elle était pleine de personnes, que tout allait bien et que personne ne souffrait de quoi que ce soit. Jusqu'au jour où tout est changé à l'arrivée d'un ensorceleur. Au début, ils n'ont pas connu ses intentions malveillantes à cause de sa gentillesse, ainsi que la possibilité de savoir ce qu'il faisait secrètement était impossible.

Il a ajouté aussi que ce méchant les a exploités d'une manière horrible. Un soir, il a mis un sort dans l'eau qu'ils boivent. Personne ne savait ce qu'il avait fait, le seul à avoir la sensation que cet envoûteur cachait quelque chose de mauvaise était lui(Parson), le lendemain, tout était mort…

Avant qu'il termine, ses larmes ont commencé à couler, vraiment, c'est une histoire attristante et émouvante. Perdre une seule personne est difficile, mais perdre tout un pays est très difficile à supporter.

Il y avait une seule question à laquelle je n'arrêtais pas de penser et à laquelle je ne trouvais pas de réponse : était-il un chat dans le passé ?

J'ai reçu la réponse rapidement, comme s'il s'attendait à ce que je pose cette question. Il m'a dit que lorsqu'il a découvert que tout son peuple était mort. Il a décidé de se venger. Il ne savait pas que l'enchanteur lui préparait un piège, là où il avait jeté un mantra sur lui, pour lequel il devint un chat... Un chat extraordinaire !

D'après ce que j'ai écouté, j'ai compris pourquoi il voulait que je l'aide, il veut juste venger son peuple qui est mort d'une manière atroce et odieuse. Il aura ce qu'il veut, je vais lui donner un coup de main.

Ah ! Avant de continuer à narrer, j'ai oublié de vous dire que Parson m'avait emmené dans une ville souterraine. J'espère alors qu'il n'y a pas d'autres surprises.

La maison du magicien n'était pas loin. Quand nous sommes arrivés, elle était assez grande qu'elle ressemblait à un immense palais. La porte était ouverte,

Parson m'a conseillé de faire attention. Lorsque nous sommes entrés, nous avons eu un long passage avec des torches de chaque côté utilisées pour l'illuminer, nous avons marchés prudemment. Au bout du passage. Nous avons vu diverses chambres. Ce sera plus difficile que nous avons prévu, car nous ne pourrons pas fouiller toutes ces chambres, nous devons trouver une solution rapidement. Tout à coup, nous avons entendu le son de la porte s'ouvrir, j'ai assuré à Parson que j'avais fermé la porte quand nous sommes entrés, cela signifie que... l'ensorceleur approche de nous ! J'ai essayé de questionner Parson de quoi faire. J'ai découvert qu'il n'était pas avec moi ! Un chat égoïste, comment il a osé demander mon aide, et moi, quand je veux son aide, je ne le trouve pas ?! Les pas du magicien approchent hâtivement. Qu'est-ce que je dois faire ? Je me suis dirigé expéditivement à l'une des chambres. Oh mon Dieu ! Je suis un homme stupide, bête, sot. Pourquoi j'ai fermé la porte d'une force violente ?

La chambre où je suis n'était pas vide, il y avait un placard au milieu, je ne peux plus entendre les pas de ce charmeur. Peut-être qu'il avait entendu le désagrément causé par la fermeture violente de la porte. Je suis entré rapidement dans ce placard. C'était trop étroit, encore je n'entends rien. Est-il concevable qu'il n'est rien entendu

? Attends, c'est quoi ça ? Il y a une cachette derrière ce placard. Cela semble mener à une place secrète ; je me suis caché dedans, l'endroit était enténébré, mais j'ai entrevu de loin une faible lumière, je suis allé vers lui avec un rythme soutenu. C'était une prison. Il y avait beaucoup de cellules, environ une centaine. J'ai remarqué qu'ils sont vides. Soudain, j'entendis une faible voix qui dit : « y a t-il quelqu'un ici ? S'il vous plaît, nous avons besoin de l'aide.

Cette voix ressemble à celle de Marta, je me suis approché d'elle, j'ai trouvé mon groupe dans une cellule fermée, ils sont devenus maigres, autrement dit, ils sont devenus des dépouilles. J'ai compris immédiatement que ce méchant magicien les a privés de nourriture et de boisson pendant plusieurs jours, maudit soit-il, j'ai essayé d'ouvrir la cellule. Mais en vain, la porte était bien fermée, je leur ai dit que j'y retournerai pour eux, même si, je n'étais pas si sûr de revenir.

Je suis retourné à la chambre où j'étais, j'ai vu que Parson m'attend, son visage était plein de peur. Il a avait pensé que cet ensorceleur m'avait tué. Le pauvre, il pensait à moi et c'est lui qui m'avait laissé seul contre lui. Bref, le chat Parson m'a dit qu'il avait suivi l'enchanteur et pouvait savoir où il se trouvait. Il désignait également une chambre en haut. Il semblait enthousiaste à rencontrer cet assassin qui a tué son peuple !

Nous nous sommes dirigés vers sa chambre. La porte était ouverte, cela nous facilitait tant le travail. Parson m'a affirmé ce qu'on va faire. Il m'a dit qu'il va disparaître et que je serais l'appât. Lorsque le magicien aurait découvert ma présence et quand il va essayer de se débarrasser de moi, le chat Parson va le confronter.

Ce qu'il a dit était facile, nonobstant, l'acte serait trop difficile. Je suis allé dans sa chambre. Elle était trop sale, l'odeur y était désagréable, immonde, graveleuse. Aussitôt, il y avait des traces de sang partout. Je crois que ce magicien déteste tant la propreté ; j'ai remarqué qu'il y avait beaucoup de souris mortes. Leurs membres avaient été amputés ! Quelle brutalité ! Pourquoi a-t-il fait cela ?!

J'ai complètement oublié le but qui m'a amené à venir ici. Alors, j'ai commencé de chercher ce magicien. J'ai réussi à le trouver. Nous étions face à face. Je ne sais pas où est Parson, pourquoi n'est-il pas encore apparu ? Qu'attend-il?

Le magicien s'approche de moi, j'ai vu dans sa main un poignard, il va certainement me tuer, ses yeux le montrent.

« Parson ! Tu devrais apparaître maintenant, rapidement. »

Même pas une seconde n’est pas passé et je l’ai trouvé contre l’envoûteur, il n'était plus un chat, il est devenu un monstre !

« Salut, tu te souviens encore de moi ?» Dit-Parson

Le magicien a répondu en tremblant : « Toi... Tu es encore en vie… »

Parson ne lui a pas laissé l'occasion de compléter ce qu’il disait, il lui donna une gifle qui était suffisante pour le faire tomber à terre. Moi, je n’ai pas eu la capacité de bouger de ma place, j'avais trop peur.

Quand ce méchant est tombé, Parson a saisi le poignard avec sa main forte. Oh mon dieu ! Il va le tuer, je suis sûr qu’il peut le faire, je veux intervenir, cependant, cela est très difficile.

Près de moi, j’ai vu une table, sur laquelle il y a une clé, je l’ai prise en espérant que ce soit la clé qui ouvre la porte de la cellule où se trouvait mon équipe.

Lorsque je me suis retourné à ma place pour savoir ce qu'a fait Parson, j'ai vu qu'il avait tué l'enchanteur, il a vengé sa famille, ainsi qu'il n'est pas resté sous forme d'un monstre, il est transformé une autre fois en un chat.

* * *

Quand ce magicien est mort, la maison a commencé à s'effondrer, la même chose est arrivée à l'île, je me suis précipitée vers la prison pour sauver mon équipe, j'ai pu ouvrir la cellule avec la clé qui était en ma possession. Ensuite, nous avons couru rapidement vers le rivage de l'île.

Lorsque nous sommes arrivés à la mer, j'ai remarqué que Parson n'était pas derrière nous, il s'était arrêté de marcher dans la forêt. Je suis retourné vers lui, je lui ai suggéré de nous accompagner dans notre voyage. Pourtant, il a refusé en disant :

Je préférerais mourir dans mon pays.

J'ai souhaité vraiment qu'il vienne avec nous mais cela reste son choix

Avant que je me parte avec mon groupe, il m'a dit aussi quelque chose d'important :

Une semaine avant votre arrivée, une jeune fille est venue sur cette île, elle était belle comme la lune et très sympathique, néanmoins, elle semblait tendue et effrayée par quelque chose ; le plus bizarre, c'est qu'elle a voyagé au triangle du Bermuda en laissant une lettre à quelqu'un dont je ne connais pas le nom, et avant de partir, il a demandé au maudit sorcier de lui envoyer le message.

C'est définitivement Tébersse !

Chapitre 4

Après avoir écouté le message du chat Parson, je me suis rendu compte qu'il y avait un secret derrière la disparition de Tébersse…Pourquoi a-t-elle voyagé au triangle du Bermuda? Que fait-elle là-bas ? Si elle était en vie, pourquoi m'a-t-elle laissé une lettre en disant qu'elle est la dernière ? Ces questions ne seront répondues que par elle, je suis enflammé du désir de la voir et d'entendre la réponse.

Actuellement, nous nous sommes éloignés tellement de l'île, il fait beau, la couleur bleue du ciel me rend satisfait…

Tout est resté calme et éblouissant. Jusqu'au moment où nous avons entendu un grand cri de Marta, je me précipitai vers elle pour savoir ce qui s'était passé. C'était la première fois, que je l'ai vue pleurer, je l'ai prise dans mes bras et je lui demandai ce qui lui a été arrivée.

Avironne et Cremo ont cru qu'elle a vu un fantôme ou un bateau de pirate.

_ Marta... Qu'est-ce que tu as ?

Elle m'a répondu en haletant :

Les rayons du soleil se sont éclaircis dans mes yeux... Je regardais là-bas quand, en un clin d'œil, tout est devenu bleu !

Nous avons essayé de la calmer ; pourtant, elle a continué à pointer sa main vers l'ouest. Le problème, c'était que le soleil était dans la direction opposée !

Au début, j'ai pensé qu'elle a été victime d'un coup de soleil. J'ai demandé à Cremo de rester avec elle.

« Adnane, vous devez venir ici, Marta a... » Déclare Avironne.

Je n'ai pas pu entendre le dernier mot, j'ai été inquiet pour Marta, je lui ai demandé de répéter ce qu'il a dit. Cette fois, il a pointé sa main vers le ciel, exactement, vers l'ouest, non, c'est impensable, je n'ai pas pu croire ce que j'ai vu, c'est un soleil bleu !

Il était vraiment comme le soleil, cela signifie que Marta n'a pas imaginé... La vue était incroyable, il envoyait des rayons magiques bleus, il a rendu mon visage et le reste de mon corps bleu, je ne vois que du bleu !

* * *

« Adnane… Qu'est-ce tu as, toi aussi ? Pourquoi tu ne parles pas ? » Me dit-Avironne.

Ce soleil bleu a disparu ! Je suis resté bouche-bé ! J'ai essayé de me rappeler ce qui s'est passé, pourtant, je ne me souviens plus de rien, rien de rien !

Avironne a interrompu mes pensées en disant : « Regarde ! C'est un vortex ! »

Cela veut dire que nous sommes très proches du triangle du Bermuda. Le climat est devenu orageux, le vent insolite touche nos corps, ces changements ne me feront pas peur et ne le feront jamais !

Quelques instants passeront.

* * *

Je ne peux plus entendre le son de l'eau, j'ai regardé avec mon œil pour savoir où j'étais, il s'avère que nous sommes tombés dans un désert à l'intérieur du triangle du Bermuda. Nous avons remarqué qu'il y avait une infinité de navires et d'aéronefs abandonnés. Mais la question qui m'a intrigué : Où disparaissent les gens ? Avant que je fasse ce voyage, j'ai entendu diverses histoires à propos de ce triangle ou comme ils l'appellent le triangle de la mort. Je ne pouvais croire aucune d'elles qui semblaient toutes illogiques. Si vraiment ce triangle, comme certains le disent, est une zone militaire américaine, quel est le but de l'enlèvement d'innocents ? Il y en a qui disent que les astronautes kidnappent des gens pour expérimenter. Si c'était vrai, pourquoi ils ne paraissent pas en public et ils enlèvent quiconque. Je pense que les gens deviennent parfois stupides, certains d'eux !

J'ai commencé à marcher en regardant l'endroit, jusqu'à ce que mes jambes touchent quelque chose d'étrange, se sont des squelettes ! Subit, j'ai entendu la voix de quelqu'un qui appelle, ce n'était pas mon groupe. Ce son vient de loin, Est-il possible d'avoir une personne vivante ? J'ai couru vers le son pour savoir la réponse ; j'ai été déçu du regret, c'était juste un magnétophone, pourtant, ce qu'il répétait n'était pas normal :

« Aidez-nous, ils sont partout, dépêchez-vous... ! »

Ce message a été répété plusieurs fois, de quoi, il avait peur ? Qui sont ceux qui étaient partout ?

Ce désert et sa beauté émerveillent l'œil, ce qui est plus beau, ce sont les dunes de sable qui ressemblent au berceau de la soie dorée et à son extension illimitée. Si vous avez erré dans ce désert, assurez-vous que votre esprit se dirige vers le monde fantastique en raison de l'espace et du calme de l'endroit...

* * *

Nous avons resté ici depuis plus de quatre jours, il semble que ce désert merveilleux est sans fin, l'eau est devenue peu et ne suffit pas pour nous les quatre.

Le cinquième jour était différent, la chaleur du soleil a provoqué notre sueur, Même cette dernière descend avec une intensité extrême, qu'est-ce qui a fait que l'atmosphère change soudainement ?!

_ L'excitation n'a pas encore commencé, tu n’as encore rien vu.

Je lui dis : « Désolé, qu'as-tu dit? »

Je n’ai reçu aucune réponse. Il semble que la chaleur m'a affecté, j'ai soif, je dois boire.

« Donne-moi, de l'eau, s'il te plait Marta. »

« S'il y avait de l'eau ! » M'a répondu Marta avec une voix différente.

La nouvelle m'est venue comme un choc. La vie sans eau est un enfer, nous n'avons aucune idée. Si nous restions à notre place, nous mourrions sûrement. En outre, le retour est presque impossible, on a, un seul choix, continuer à marcher. Après un court moment, Avironne a aperçu une maison de loin. En fait, nous l'avons tous vu, je pensais que ce désert contient des secrets difficiles à accepter, une maison au milieu du désert, c'est totalement illogique ! Je ne crois pas qu'il y avait quelqu'un dedans, nous nous sommes approchés tranquillement. Avironne sentait une nourriture délicieuse, il n'a pas eu la patience et s'est entré dans la maison sans même frapper à la porte, c'est ce que nous faisions tous, nous n'avions pas d'autre choix que d'entrer. La maison était déserte, les fils d'araignée sont partout, le revêtement du mur blanc a complètement disparu et certaines fissures sont apparues. Il y avait une odeur hideuse, dégoutante et puante dedans, j'ai eu la nausée.

La première pièce était une salle de bain dont la porte était entrebâillée. J'ai entendu un bruit, ça ressemblait au bruit de goutte d'eau. J'ai poussé la porte et je suis entré devant.

Quand j'y suis entré, j'ai vu une bougie allumée qui causait la lumière. Je me suis approché vers le robinet pour le contrôler et j'ai vu un liquide rouge qui gouttait du robinet, ça devait être du sang ! Je me sentais terrifié, qu'est-ce que c'était passé ici ? Il y avait une odeur nauséabonde qui pareille à celle d'un homme qui est mort sans sépulture.

La deuxième pièce était une cuisine. Du premier regard, j'ai remarqué qu'elle s'était très ancienne et trop sale. J'ai aperçu un réfrigérateur, je me suis dirigé vers lui. Dommage, j'ai découvert qu'il s'était transformé en une maison de souris. Les tiroirs et les placards ont bordé. Ils étaient désaccordés et ils semblaient très fragiles. Dans les placards, j'ai aperçu des petites conserves, il y avait aussi du pain moulé pourri. Oh ! Je n'ai plus supporté ça, je me suis vite enfui.

De l'autre côté, il y avait une chambre qui contient trois lits. Il n'y avait rien de louche ou de douteux, donc, ce n'est pas besoin d'entrer dans des détails ennuyeux.

La dernière pièce était différente de tout ce qui précède. Je ne croyais vraiment pas ce que je voyais, je pensais que ce que je voyais n'était qu'un rêve. Nonobstant, même Avironne, Marta et Cremo ont vu la même chose, nous étions dans le salon de séjour. La première chose que nous avons vue était une table, cette dernière contient divers aliments. Voici donc la délicieuse odeur dont le gardien Avironne nous a parlé, c'est bizarre d'avoir tout cela, comme si quelqu'un savait que nous avions très faim. Nous devons remercier cette personne, sans lui, nous allions devenir des cadavres.

Après avoir fini de manger, mon groupe a décidé de dormir surtout que le soleil est presque couché, moi, je n'ai pas l'envie de dormir, je suis sorti.

J'adore beaucoup le coucher de soleil. L'une des plus belles manifestations, qui n'a jamais été touchée par la main de l'être humain et qui ne soit contaminée par aucune ingérence de la part d'un être vivant. C'est un paysage pur et divin où se distinguent la grandeur, la magie et la beauté. Quand le soleil est absent, doucement et timidement, placé à son endroit éternel sur le bel horizon, il annonce son absence temporaire, qui est remplie de timidité, comme si elle pleurait de la brûlure des adieux. Les couleurs du crépuscule se reflètent sur la page du ciel pour tracer les lignes du crépuscule rouge. Ces lignes ornées de charme et de beauté, comme si il était peint avec le pinceau d'un artiste créatif où la grandeur de Dieu tout-puissant et sa créativité dans sa création se manifestent pour montrer cette énorme quantité de beauté et d'attraction.

L’absence du soleil n’est pas seulement un phénomène naturel que nous voyons tous les jours, c’est une leçon qui nous montre que tout a une fin et que chaque début est accompagné d’une fin.

J'ai longtemps pensé à Tébersse, je sentais que nous nous rapprochions d'elle.

Il pleut, une grosse pluie épaisse, qui martèle les fenêtres. Je sais que ce que je dis n’accepte pas la réalité, la pluie tombe dans le désert ?! C'est impossible, si j'étais à votre place, je dirais la même chose. Néanmoins, nous sommes au triangle du Bermuda, tout est possible, quelqu’un s’était sorti, je le savais à cause d’un claquement de la porte, j'ai eu du mal à le savoir en raison que la chambre sombre. Jusqu’à ce moment-là, tout est normal, je me suis levé du lit, très surmené, tous les membres de l'équipe étaient plongés dans un profond sommeil. Qui est sorti alors ? Je me suis hâté rapidement vers la porte, elle était ouverte !

La pluie tombe plus fort qu'avant, je cours comme un aliéné mental, je dois savoir ce que cette personne faisait à la maison, il doit aussi répondre à plusieurs questions qui m’ont dérangé. Est-il possible que Tébersse soit celui qui l’a envoyé pour connaître nos nouvelles ? Non, je ne crois pas qu’elle puisse le faire. Peut-être que cet inconnu est le propriétaire de la maison. Si c'était vrai, pourquoi ne nous avait-t-il pas rencontrés à la maison ? Ces questions vont me rendre fou.

Toutes mes tentatives pour le retrouver ont échoué. Cette personne a complètement disparu, comme si tout cela n'était qu'un cauchemar… Un vrai cauchemar !

La pluie n’a jamais stoppé, j’ai eu le rhume embêtent.

* * *

« Adnane…Adnane… Je suis encore en vie. Je suis là-bas. Aide-moi, avant qu'il ne soit trop tard. Vite s’il te plait ! »

« Tébersse, où es-tu ? Je ne pourrai pas fouiller tout le désert, Dis-moi où tu es pour que je puisse te trouver et t'aider. »

« Je suis près de vous, sauvez-moi vite, il n'y a pas assez de temps, sinon… »

* * *

« Tu as de la fièvre, que t'est-il arrivé ? » Dit Marta.

Je ne voulais pas lui dire ce qui s'était passé hier. C'est mieux que je garde le secret à moi-même. Le problème, c'est que je suis obligé de lui donner une réponse convaincante. Tout à coup, Cremo est venu en disant : je m'excuse d'avoir interrompu votre conversation, mais, il y a quelque chose que vous devriez voir.

Si Cremo n'est pas venu, je serai vraiment dans un grand dilemme.

Nous avons marché derrière lui, il nous avait apporté au salon de séjour, j'étais en coïncidence, sous la table auquel nous avons mangé, Il y avait une cave cachée !

« Vous voudrez peut-être savoir ce qu'il y a dedans » me dit-Avironne.

Je n'ai pas compris ce qu'il voulait dire, je ne pense pas qu'il y ait quelque chose de spécial dans cette cave sauf la mauvaise odeur. J'ai entré pour voir ce qui était là-bas, elle ne contenait rien, autrement dit, il était vide. Dans un coin, j'ai entrevu un cercueil qui ressemble à ceux des pharaons. Cela a peut-être attiré l'attention d'Avironne et Cremo, donc, j'ai marché vers lui.

Le cercueil était de l'or pur, je pourrais savoir qu'il était ancien à travers les symboles qui y étaient inscrits, ainsi que la poussière qui le rendait usé.

J'ai appelé Cremo pour m'expliquer certaines de ces écrits incompréhensibles. Il est d'ailleurs un archéologue, il m'a dit que lui-même n'a pas compris ces écrits, à l'exception de l'un deux. Il signifie :

Utilise judicieusement la sagesse pour ne pas regretter à la fin.

« Avez-vous ouvert le cercueil ? » Nous questionna-Marta.

Nous n'y avons plus pensé, Marta a bien réfléchi, j'ai demandé à Avironne de nous prêter sa main fort afin qu'on puisse l'ouvrir, le couvercle était lourd, nous avons réussi à le soulever avec difficulté. Nous avons trouvé le corps d'un homme mort dont le corps est mangé par les vers. En fait, seuls les os de son corps restent. Dans la main de cet homme, il y avait une épée, cette dernière brillait tant, il suffit qu'elle nous avait rendus aveugles quelques instants.

J'ai recommandé à Avironne de prendre l'épée, surtout que nous pourrions en avoir besoin. Soudain, nous avons été surpris qu'une porte cachée s'ouvre. Le frisson semble commencer d'ici. Nous étions dans un endroit sous le désert ; je me suis souvenu du pauvre chat Parson. L'endroit était très rembruni, mais l'épée pouvait éclairer notre chemin. Je savais que ce serait utile. L'air était si froid qu'il chatouillait nos corps. Nous avons marché longtemps jusqu'à ce que nous pensions qu'il n'y avait pas de fin. Nous avons vraiment regretté d'entrer, il n'y a rien de spécial, sauf pour l'air froid qui nous a sauvés de l'enfer du désert. Nous n'avons d'autre choix que de revenir à la maison abandonnée. Marta m'a demandé d'arrêter de marcher, il m'a demandé : Adnane, d'où vient l'air froid ? J'ai compris ce que tu voulais dire, l'air froid vient de quelque part. Comment n'ai-je pas pensé à cela ? Nous devons suivre la source de cet air. Au début, j'ai pensé que cet air nous mènerait à Tébersse, mais malheureusement, il nous parvient à une impasse. Le problème, c'est que nous nous sommes trouvés dans ce qui ressemble à un labyrinthe. Aucun membre de mon équipe n'est prêt de marcher à nouveau. Nous avons donc décidé de nous asseoir. Par accident, nous sommes tombés dans une fosse profonde qui nous a conduits à…

Tébersse… Je ne sais plus ce que je dois dire ! Ce n'est pas vrai ! C'est un autre cauchemar !

Je l'ai vue… Elle m'a regardé avec ses yeux qui ont la couleur jaune comme la géhenne. Ses grimaces pareilles à celles d'une sorcière méchante. Ajoutons à cela qu'elle met des vêtements très noirs, plus noirs que l'obscurité.

Elle nous a questionnés : qui êtes-vous ?

Quoi ? Quelle est cette question ? Elle ne se souvient plus de moi ? Ai-je interrompu toutes ces distances pour entendre ça ? Pourquoi m'as-tu fait ça Tébersse… Pourquoi ?!

Elle ne m'a pas laissé le temps de répondre à sa question puisqu'il a appelé quelqu'un en disant : tu aies des invités qui t'attendent Horn.

De l'obscurité, un monstre hideux est sorti. Il avait une tête de dragon et des grosses dents de requin. Il avait aussi trois yeux noirs et profonds, comme une nuit sans lune et un long nez crochu. Il était énorme, son cri déchirait les tympans, ainsi qu'il crachait du feu partout.

Nous avions une grande peur de ce monstre. Nous ne savons jamais ce qu'on doit faire.

« Je dois affronter cet ogre laid.» Déclara-Avironne avec une grande confiance.

Nous avons été surpris par ce que nous avons entendu, je ne pense pas qu'il plaisantait. Marta et Cremo ont aperçu un tunnel derrière nous. Ils m'ont affirmé que nous devions nous échapper. J'ai dit à Avironne de nous accompagner. Or, il avait un autre avis, il a tenu fortement l'épée en disant :

« Le puissant guerrier ne sait pas se rendre, si je vous accompagne, je serai un lâche. Et moi, je n'accepterai jamais ce caractère, je vous conseille de se hâter immédiatement, adieu. »

Je ne pouvais retenir mes larmes de ce que disait ce gardien. Hélas, je n'ai pas eu le temps de lui faire mes adieux, je devais m'évader, sinon, je mourais ici.

Avant l'évasion, Avironne m'a encore dit : n'oubliez pas de dire à tout le monde que j'ai été un héros lors de ce voyage. Je veux que mon pays soit fier de moi.

Lorsqu'il a terminé, j'étais parti avec Cremo et Marta.

Nous nous sommes s'enfuis sans voir ce qui se passe derrière nous, j'espère seulement que le gardien Avironne ne décède pas dans cet endroit…

Lorsque nous avons pris la fuite, nous sommes tombés dans un trou qui nous a ramenées à notre époque !

Chapitre 5

Nous nous sommes retrouvé dans la mer, le navire dans lequel nous étions s'approchait initialement de nous, Il n'y aura pas besoin de raconter cette histoire. Personne n'en croirait, ils diront que c'est inspiré par mon imagination, ils pourraient aussi me considérer cinglé. Dommage, tous les gens sont comme ça sans exception.

Finalement, vous devez savoir quelque chose d'important : notre monde contient des secrets que personne ne voudra jamais connaître.

Le chat Parson

(Ce dessin est réalisé par : Ab Sameer Hammad)

Prochainement

Nous rencontrons Adnane lors d'un nouveau voyage dans la deuxième et la dernière partie de la collection : *l'histoire de mon papa.*

Un merci spécial à tous ceux qui m'ont aidé à sortir ce roman :

Teber Nour El Houda

Prof. Mohamed Elhor

Prof. Fatima Kchar

Prof. Sara chahtane

Prof. Saida Hlimi

Tarik slaiki

Soulaimane Gharbi

Table des matières

Printed by Books on Demand GmbH, Norderstedt / Germany